Yanna

MALI VJETAR

Urednik:
MARIJA MARIĆ

Lektor:
MARIJA MARIĆ

Bibliografische Information der Deutschen Nationalbibliothek:
Die Deutsche Nationalbibliothek verzeichnet diese
Publikation in der Deutschen Nationalbibliografie;
detaillierte bibliografische Daten sind im Internet über
http://dnb.dnb.de abrufbar.

©2018 Yanna – MALI VJETAR -
Herstellung und Verlag: BoD - Books on Demand, Norderstedt
ISBN: 978-3-7460-7404-7

O ljudima

MOJA BAKA

Najviše na svijetu
voljela me moja baka,
s njom je želja
ispunjena svaka.

Dok je njeno srce kucalo
molitve na usnama je bilo.
Molila se za me,
u pratnju mi slala
anđele čuvare.

Draga bako moja
neka u miru počiva,
uspomenama lijepim,
sazdana duša tvoja.

BAKINA STARA KUĆA

Vatra na ognjištu,
kruh ispod sača,
sarma se u kotliću kuha.
Prostorija mala,
puna ljutog dima,
suzne oči, vani zima.

Vatra gori
u plamen se gleda,
kraj ognjišta mačak drijema.
Pričaju se dnevni doživljaji,
duge noći, kratki zimski dani.

Djeca u ćošku
zbog vike i galame,
dok večera gotova bude,
kažnjeni od mame.

Sve je to imalo lijepe čari svoje,
žmirkao je mjesec kroz prozore male.
Još i sada prizor taj vidim,
on u meni živi on u meni traje.

UČITELJICA PETRA

Kad prvačić željno čeka
svoj prvi školski dan
noć mu prolazi bez sna.

Školska torba, pribor,
slovarica i par teka,
sve je spremno
na taj polazak čeka.

Naučio je
računanje do deset
i cijelu slovaricu,
iznenadio je
svoju učiteljicu.

U velikoj učionici
osmijehom prvačiće dočekuje,
strpljivo i lagano
štivo pokazuje.

Škripi kreda dok po tabli piše
objašnjava i odgovore daje,
blaga, mirna prema svima ista
dobrota njena na licu blista.

U dalekom svijetu
nakon dugih godina,
učiteljica Petra istu zadaću ima:
dobrovoljno pomaže prvačiću svome
dok piše i sklada stihove ove.

ANTEŠA-TITOVO KUMČE

U svakom selu po netko ima,
o kome se priča, o kome se pjeva.
U župi mojoj Anteša je bio
glavna tema.

Kakvo bi selo moje bilo
da se on nije rodio?

U ono vrijeme dijete sam bila
slušala sam mnoge priče o njemu.
Iste je pričao i prenosio
novosti po selu.

U kući trošnoj i staroj
provodio je vremena malo..
Od kad mu je otac od mrtvih ustao,
bježao je, duhova se bojao.

O tom događaju kad god bi pričao,
zaškiljio bi crne oči svoje,
mrga od čovjeka,
pomislio bi svatko
njega se duhovi boje.

Mrtvački sanduk i očevo tijelo
priviđalo mu se u čošku sobice male,
križ s očevim imenom
i svjetlost svijeća, kako gore i sjaje.

Od onog trena kad se pročulo
da mu je otac dušu ispustio
po običaju našeg sela
kuća je bila puna ljudi i žena.

Na dan sprovoda povorka se skupila
jelo se i pilo za dušu pokojnika,
dok se čekalo na svećenika.

A u to vrijeme u sobici maloj
nešto čudno se dešavalo.
Nastala je vriska, bježanje i lom
ustao se čovjek iz sanduka mrtvačkog.

Kažu da je nastao kaos još veći,
kad je mrtvac protrljao oči
i došao k sebi
i ugledao svoje ime na križu da piše,
bacio ga je, ni svijeće nisu gorile više.

Žena njegova u crnini sva,
gleda, ne vjeruje da ga živog vidi,
bježeći od njega krsti se i krije
a on za njom trči hoće da je bije.

Priđoše mu ljudi s čašicom rakije
smiriše ga i sve mu ispričaše,
rekoše mu da ženu svoju ne krivi
kliničku smrt rijetko tko, kao on doživi.

Živio je dugo poslije toga
i rekao svima za ime Boga:
-Kad drugi put umrem,
nemojte me, ni za živu glavu
danima kopati u jamu.

Možda se smrt predomisli
pa me opet među žive vrati.-
Kad je smrt ponovo po njega došla
nakon par dana sprovod je bio
i od njega se oprostilo.

Tako su priče selom kružile
o slučaju tom, o ocu Antešinom!
A, Anteša...
Anteša je, kažu, poseban slučaj bio.

Propalica, pijanac, često veseo.
Da radi volio nije,
posljedice je velike imao
zbog njih je volio da pije.

Društven je i dobar bio,
u dosta slučajeva žrtvovao sebe,
pred zakonom pravdao se nije
puno robije odležao je.

U svako doba kad god je htio
kad god je gladan bio,
svratio bi on kod mog tate
u kasne i jutarnje sate.

Dobro ga pamtim, dijete sam bila,
brada do grudi, kosa crna,
gumene čizme skidao nije,
od čarapa čišće su mu bile.

Besposlen je bio.
U kafanama provodio bi sate,
molio je sve redom
da mu mezu i piće plate.

A kad bi mu netko na žulj stao,
Anteša bi im sve po spisku ...zna se,
od oca, majke, djeda i bake,
ni kumove im poštedio ne bi.

Tad bi mu svi redom
vratili istom mjerom
"... A, je li, vi bi i mog kuma---?
Ponovite još jednom, nisam dobro
čuo!"
"Da, i tvog kuma" odgovor bi bio,
a Anteša bi na papir imena im pisao.

Imena svih onih
koji bi njegovog kuma
da prostite, znate već šta,
a u to vrijeme kažnjivo je bilo
vrijeđati javno ime Tita.

Tako su mnogi u njegovu zamku pali
pa su mezu i piće plaćat morali.
Kakve veze Tito ima s tim,
upitat će se mnogi?

Ima, i te kako!
Za sve one koji do sada nisu znali,
obitelj koja je dobila deveto dijete,
za kuma, Tita su imali.

Deveto dijete Anteša je bio,
druga Tita za kuma je dobio.
Od njega sretniji nitko nije bio
zbog poklona koje je dobivao.
Pisalo je "Od Tita za kumče moje,
iskrene čestitike i sve najbolje"

A onda,
jednoga kišnog jutra, pored puta,
u jarku, ispod kaputa
nečije se tijelo svilo, a čije li je bilo?
Prolaznik ga prepoznao pa veli:
"Nije mu prvi put da spava tu."

Ne bi mu teško spusti se do jarka
dok ga je budio mislio je u sebi,
uh, što ovaj čvrsto spava.

Uzeo mu ruku, hladna je bila,
otkrio glavu spazio tada
širom otvorene oči ne gledaju više,
prestalo je kucati srce Anteše.

Tople suze prolazniku potekoše
kao i s neba kapi kiše,
među živima nema Anteše više.

Pod vedrim nebom dušu je ispustio
i župljane svoje zauvijek napustio.

SVETA KRIZMA

Radost i sreća na licu
suncem obasjana,
bližila se moja Krizma
i patron župe Sveta Ana.

Radosno treperila
sve do onog dana,
kad je umjesto sandala
tenisice kupila mi mama.

Vjerovati nisam mogla
ni riječi našla,
čekala sam šalu
i skrivenu sandalu.

Ozbiljno lice
proračun u glavi
tenisice plus škola
nigdje mjesta šali.

Govorila mi je:
"Najesen će škola
od kume ćeš dobiti sandale,
krizmeni dan izdržat ćeš,
nema druge, e morat ćeš."

Na slikama se dobro vidi
malo sreće, malo tuge.
Izdržala taj dan jesam,
al' sjećanje na njega ostalo je.

Taj dan, za mnoge sretan
taj dan, za mene poseban.
Biti u centru pažnje
i povod za smijeh do mile volje.

Kako je to?
Zna srce moje!
"Teniske uz bijelu haljinu i veo
ne idu nikako",
šaputali su mnogi,
ali da ih čuje svatko.

Danas se nasmijem i kažem: HVALA
i njima i njoj,
zahvaljujući tenisicama
ja opisah kroz pjesmu
taj doživljaj svoj.

NIKOLA TESLA

Kao djevojčica mala
crtane romane sam čitala,
poznata imena junaka
Čike, Zagora i komandanta Marka.

U snu sam vidjela
i čula zov Žalosne Sove
kako me u Ontario zove..

Nosi me u naručju,
u svoj kanu stavlja
i plovimo vodama Nijagare.

Zatvorila sam oči
da bolje upijem i čujem
snagu te vodene moći,
dok huči, buči i snažno pada
ta silna voda s vodopada.

I dok Sova gunđa i vesla,
pojavi se i naš Tesla.
Sav u suncu, sav blista
Čovjek, naše gore lista.

O njemu sam čula
priče na sve strane
on je tvorac svjetla
i prve hidroelektrane.

Priča se o danu
njegovom rođendanu.
Priča se da je grmjelo i sijevalo,
nebo se otvorilo.

Priča se da je u očima
zasjala duga čarobnih boja,
rođenje se njegovo
spominje i ne zaboravlja.
Rođena je legenda za sva vremena
svjedok su njegova djela.

ODLAZAK U PETNAESTOJ

S petnaest godina otići od kuće,
kad razmislim,
kako je to bilo moguće?

Šta sam ja tad' znala?
Bila sam nestašna,
i jako mlada.

Sjećam se, plakala sam
odlazeći u ranim jutarnjim satima.
Tješila se:
-ne plačem to su kapi kiše.

Zamagljenog pogleda
na novim prostorima,
a oko mene osobe
mile i drage, ali s dva lica.

Odluka je na brzinu donesena
pa osjetih da boli,
kad lome volju kao krila.
Pa ubijaš samu sebe
a otpor ne pružaš.

Uporno i čvrsto te žele
pod komande svoje
i sve će biti
mimo volje moje.

Znam samo
težak je bio moment taj
na raskršću života.

Teren je njihov,
bitka u startu izgubljena.
Ranjenog srca,
nedužno pokorena.

Bilo ih je više protiv mene,
a ja sama tako jaka bila.
Hvala Bogu,
dao mi je snagu
privremeni boravak
privela sam kraju.

DA PORASTEM PRIJE REDA

Jednoga dana u hladovini
sjedili smo moj djed i ja
on krupan a ja,
ko' mrav sićušan.

Izrazio sam želju
da imam bradu sijedu
i da budem kao on, djeda moj.

Odgovor mi dade
ne skidajući ruku s brade.

-Sinko moj,
kad bi mog'o, dao bi sve,
da se vratim u tvoje godine
i da budem opet mali
to je vrijeme za kojim žalim-

Poželio je i on prije reda
da poraste i bude
kao njegov djed.

Kao dijete, mislio je
kad si veliki možeš sve,
Uzeo me u krilo i šapnuo:
-Uživaj sinko, sad ti je najbolje.-

O osjećajima

SUTON

Na izvoru čobanica
mlada, kršna vedrog lica,
dušu razgali
stado svoje napoji.

Hladna voda
noge bose,
hladnom vodom
kvasi kose.

Od sunca i žege
uvela trava
raduje se vodi
što je osvježava.

VJETRIĆ

Vjetrić mora,
planine i doline,
pojavi se iznenada
kad mu prahne, kad mu sine.

Prepreka nema,
puše svuda
topao, hladan,
kako kuda.

Blagi treptaj
mami velikog zmaja
nebom pleše
po travi se valja.

Bura, jugo, maestral,
svaki na svoj način puše
nemaju tijelo,
a imaju li duše?

RUKA

Hvalila se ruka svima
kako vrijedne prste ima,
sve poslove složno rade,
nema nikad barikade.

Niti jedan isti nije,
nit' se kriju, nit' se stide.
Svaki daje sve od sebe
vrijedni prsti zlata vrijede.

DJELA ZA PAMĆENJE

Pamte se dobra djela,
zaboravu ne idu.
Pamte se dobra djela
o njima se pjesme pjevaju.

Za dobrotu i ljepotu
hvali nema kraja,
za nevolju isto važi
od srca joj hvala kaži.

Riječ "hvala"
ima svoju moć
u nevolji je kaži,
brže će proć.

ODJEK KORAKA

Ulica uska... pusto je,
nema nikoga.
Noćnu tišinu remeti
odjek mojih koraka.

Na tren zastanem...
Osluškujem.
Sjena je pratnja, zagrljaj mraka
odjek mojih koraka.

Ulične stare svjetiljke,
leptirice mnoge mame
uz šumove vjetrova
plesove svoje izvode.

Nisam sama.

I dok odjek odjekom odjekuje,
odjekujući u noći nestaje...
Igra traje, trajat će i dalje,
sve dok svjetiljka noćna
svjetlost im daje...

ODJEKUJE DOLINA

Vlašićke se stijene
prkosno uzdigle,
promatrač svih zbivanja
Lašvanske doline.

Na livadi zelenoj
ovce mirno pasu,
a janjad malena
baš nestašna su.

Dok žubori voda
čoban frulu svira,
teče rijeka Lašva
odjekuje dolina.

PAKET ŽIVOTA

Paket života
pun je iznenađenja
donijela ga roda
na dan mog rođenja.

Osim mene nitko
ne smije da ga dira
povezan je mašnom
zvjezdanog papira.

Život je priča
od rođenja teče
šta je kome suđeno
zaobići ga neće.

ISTINA

Eh, da je lako, onda bi sva'ko
lažima stao na kraj
hrabar biti na strani istine
nije lako,
ako ne vjeruješ, izvoli pa probaj.

Vidno je svuda,
laži ima sve više i više
njima se brže dolazi do cilja,
ali onaj tko istinu voli,
s njom često tone, al' uvijek ispliva.

Istina je vrijedna to se zna
uvijek je ista, lice svoje ne mijenja.
Samo hrabre duše, slijede njen trag
lažima se ne klanjaju i neće nikad.

OD VLAŠIĆA DO ALPI

Od Vlašića do Alpi
prostranstvo i daljine
putevi su povezani
od planine do planine.

Ravnice i gore
mostovi i rijeke
s jednog mjesta na drugo
nisu prepreke.

Na krilima želja
za promjenu sudbine
mnogi odoše
u zagrljaj daljine.

Prigrli ih čvrsto
i ponudi dosta
ali čežnja duše
za rodnim krajem osta.

ZLOČESTI PODSTANAR

U nama živi podstanar mali
bitke često vodimo s njim,
on pecka, on žiga, on štipa
o, kako to jako boli.

Opasan je iako je mali
napade vrši silama svim
tijelo se znoji i grči
u mukama tim.

Napade trpimo
do granica strpljenja
tražimo izlaz,
tražimo rješenja.

Kad planove naše osjeti
povuče se u odaje svoje,
osjećaj dobar daje
bol nestaje.

S vremena na vrijeme on,
ponovo izvodi akcije svoje,
a mi se borimo snagom svom
protiv podstanara zločestog.

TAJNE LJUBAVI

Ljubav svoje tajne ima
sve dok nekog ne osvoji,
kad se ljubav desi
tajna više ne postoji.

Mijenja naše smjerove,
mijenja naše navike.
Na oblacima lebdiš do neba
sem ljubavi što ti više treba.

I u snu i na javi
osjećaj cvijeta pravi,
od ljubavne sreće
nema ništa veće.

LJUBAV ČINI ČUDA

Pregršt radosti ljubav nosi,
sreća s njom na vrata kuca,
kad se iskreno voli i otvore srca.

Život postaje lijep,
mržnji mjesta u duši nema.
Harmonija čini svoje
svuda su tragovi njenih djela.

Božanstvom duše zrače
radost šire na sve strane.
Tamo gdje ljubav vlada,
ne vide se tuđe mane.

Izobilje sreće život donosi
osmijeha uvijek bude
tamo gdje ljubav vlada
nema mržnje ni zablude.

OD SRCA HVALA

Lijepa je spoznaja
sami nismo nikada
u pomoć kad stiže
naša zaštita.

Od srca joj hvala
za sve što nam čini
i za veliku ljubav
koja u nama živi.

Sunce nas grije
toplina nam godi
iz tame u svjetlost
pomoć nas vodi.

ZAKLELA SE ZEMLJA RAJU

Puni zlobe i nemira
lažovima smeta istina,
u smicalicama uživaju
s lažima plivaju.

Gdje je laž nema sloge
u laži su kratke noge
uvijek bile i ostat će
tko laže posrnut će.

"Ko jamu drugom kopa
sam u nju upada.
Sve se tajne saznaju
zaklela se zemlja raju"

TKO TE VOLI

Tko te voli
voli i mane tvoje
za plakanje
nudi rame svoje

Tko te voli
podržava sve
borbe koje vodiš
i hirove.

Tko te voli
u dušu te zna
u ljubavi
nema granica.

Oslonac ti nudi
s tobom ostaje
slobodu ti daje
i prostor za disanje.

ŠTO LI PRIČA MORE?

Što li priča more
dok valom žubori,
ispraćajuć Sunce
u dubine svoje.

Što osjeća more,
jel mu je pjesak draži,
ili sunčev sjaj
grleć ga na plaži?

Što li noć šapuće
dok se tiho budi,
a što plaža
pusta i bez ljudi?

Što li sve to kriju
te morske dubine?
Vidi li to mjesec
sa svoje visine?

VLAŚIĆ DEVEDESETIH

Neobična tišina
tim prostorima zavlada
te proplanci Vlašića
ostadoše bez svojih stada.

Ni dobrih pastira
skoro više nema
valjda svi osjetiše
da se nešto sprema.

Idila Vlašića se poremeti
da je ista na nekoj meti
mnogi su znali
i život svoj za njega su dali.

Bogatstvo Vlašića
silom raskućiše
a dobre duše tih prostora
bez riječi ostadoše.

Sve ima svoj kraj
završio se i sramni rat.

Ali.

Neka tišina Vlašićem vlada.
Pust je, nema stada
ni pastira nema
samo poneki pas lijeni
na proplanku drijema.

Ovce i pastiri s frulama
na nekim novim prostorima
su se našli
sigurno je jedno
nigdje se nisu snašli.

MJESEC

Kad mi se ne spava
kad ne znam što ću
promatram te mjeseče
satima noću.

Od kad znam za sebe
divim ti se jako
svoje faze imaš
lijep si u svakoj.

Zvijezda Danica
vjerno te prati
zvijezde te krase
zvijezda ti je mati.

VATRA

Kad palimo vatru
pojavi se dim
poslije dima plamen
nestašno živ.

Kad je hladno
i kad je zima
tad nas vatra grije
ne damo joj da se gasi
da što duže traje.

Bio crven ili žut
plamen plamti i ne gleda
na sve strane širi se
i do samog neba.

Kada plamti bez kontrole
vanredno je stanje
u akciju pozvani su svi
da se vatra ugasi.

ŽALOSNA VRBA

Protegla se do neba
hladovinu pravi
prolaznike mnoge
u zaklon svoj mami.

Tanke svoje grane
njiše na sve strane
kad ih njiše
rijeka žubori tiše.

Talasa se voda
ribe bježe na sve strane
misle da je plovak
od vrbine grane.

MALI LIST

List na grani
iz pupoljka nastade.
List s grane
prije vremena otpade.

Na leđima vjetra
nošen u visine,
s kapima kiše
na zemlju pade.

Taj list maleni..

Padoše i drugi
listovi na njega...
Zgnječen, zgažen,
s vremenom istruli.

Osta trag jedino na grani
uspomena na taj list mali.

ZRAKOPLOV

Raširenih krila
putnike prima,
posada s osmijehom
da se u letu uživa.

Priprema za let
malo duže traje,
kad se motor ugrije
slijedi polijetanje.

Kad poleti, kad se vine
dah zastane od te
nebeske visine.

MALI VJETAR

Vjetru su znane
životne tajne
sve moje i tvoje
velike i male.

Svuda nas prati
svuda ga ima
vješto se krije
sve sluša i snima.

Prati let svake ptice
miluje im krila.
Šuška lišćem, ljulja grane
uvijek puše ne prestaje.

Za djecu

HALJINA PROLJEĆA

Granulo je proljeće
behar miris širi
obukla sam haljinicu
na vjetriću piri.

Haljinica žuta
s motivima cvijeća
skakućem livadom
dio sam proljeća.

Oko mene zuje ose i pčele
nikud neće da idu od mene.
Sviđa im se moja haljinica žuta
cvjetovima proljeća posuta.

NEĆE SAN NA OČI

U sobici tama
opet sam sama
neće san na oči
ni ove noći.

Kad upalim svjetlo
otvore se vrata
na njima se pojave
mama i tata.

Uvijek istu priču
pričaju mi oni
kažu broji ovce
bit će ljepši snovi.

Ja im kažem
probala sam
sve ih sebi zvala
ali one neće
soba im je mala.

Pod vedrim su nebom
nikad nisu same
Mjesec sja noću
ne boje se tame.

I zvijezde trepere
žmirkaju i žare,
na livadi leže
imaju i trave.

Hoću i ja k njima
da prespavam noći
kada zora svane
doma ću doći.

SAT

Kupila mi mama sat
nisam više mala
kad navečer pođem leć'
navijem ga sama.

Kada jutro svane
zvoni satić moj
ustajem se iz kreveta
započinjem dan svoj.

Pa kad spremim sve
dođu prijateljice.

Odlazak u školu
s njima me veseli.
Kući kad se vratim,
na istom mjestu
on kuca i klati.

KAD TREPNE ZORA

Kad trepne zora
i kad se budi novi dan
probudi se i ti,
ne budi lijen, ne budi sam.

Baci jorgan sa sebe,
izađi van.
Dočekaj rađanje sunca,
pozdravi novi dan.

I dok te sunce miluje,
udahni sjaj duboko,
baci mu se u zagrljaj
visoko, visoko.

Okreni mu svoje lice,
neka te toplinom grije,
širom otvori oči i
umij se snagom njegove moći.

Sa osmijehom duboko
uživaj svježi zrak,
jedi darove prirode
-bit ćeš zdrav i kao div jak.

Jutrom kad trepne zora
trepni i ti,
dočekaj rađanje dana
s puno ljubavi.

RASTAVLJENIM RODITELJIMA

Kad prestane ljubav,
putevi se dijele
djeca se tome ne vesele.

Kako oni pate
jastuk najviše zna
u samoći utjeha se traži,
kad tata nije tu,
a na poslu je mama.

Kol'ko vrijedi dječja ljubav
što ih vole do neba
ni kriva ni dužna
ispaštaju nevina.

Rođena iz ljubavi
opraštaju im od srca sve
uz molitvu dragom Bogu
da se oni pomire.

VODA

Da nije vode ne bi ni nas bilo
da nema vode što bi se pilo?
Rijekama teče u more se sliva
žubori i zbori, voda je živa.

Pitke i slane, tople i hladne
svakojake je ima.
Planet se u njoj kupa
planet u njoj pliva.

Priča, šapuće i pamti sve
život bez vode nemoguć je,
pijemo vodu, gasimo žeđ
voda je spas, voda je lijek.

Da nema vode ne bi bilo ni nas
voda daje život, voda je spas.
Bogu hvala da nam ju je dao
život bez vode bi potpuno nestao.

JAJE

Razbijaju mnogi
o toj temi glave
što je prije nastalo
kokoš ili jaje?

Pitala sam i ja
kokoš i pile
rekli su mi da se
ne zamaram time.

Iz dana u dan
koka nosi jaje
rekli su mi da ga jedem
ono snagu daje.

OGRIZAK NE BACAJ

Kad pojedeš jabuku
ogrizak ne bacaj
vitamine u sebi krije
na prvi pogled vidno nije.

Kad pojedeš jabuku
koštice ne bacaj
gorčina ne škodi
tijelu to godi.

Te koštice male
gorke su al' zdrave,
ljekovitost svoju ima
zna se od davnina.

Mali ZOO

VJEVERICA

S grane na granu
vjeverica skače
odjekuje šumom
kada lješnjak žvače.

Brza je i bježi
kad je netko gleda
krije se i boji
naših pogleda.

Smeđa je i ima
kitnjast rep,
kada skače i kad skviči
plaše je se i mali ptići.

PUŽ

Iziš'o je pužić
iz kućice svoje
izmamilo ga van
rosno zeleno polje.

I dok naprijed ide
bijeli trag ostavlja
kad se bude vraćao
da ne zaluta.

ŽABA

Ugrijalo sunce,
užarilo glavu
upeklo u oči,
zaslijepilo žabu.

Izbečila ona
svoje oči plave
svi je zovu u vodu,
ali ona ne haje.

Dobila je sunčanicu
vrti joj se u glavi
špricaju je vodom
vatrogasci mravi.

Miševi je štipkaju
guraju u vodu,
ali žaba ne može
da pomjeri nogu.

Gledao to sokol
s neba visoko
brzinom se zaletio,
s njom u vodu uletio.

BRUNDO

Velik je i snažan,
on u šumi živi
cijelu zimu prespava
u svojoj jazbini.

Jede meso, jede biljke,
a najviše voli med,
kad mu nešto pravo nije
brunda, brunda u prsa se bije.

Tad svi bježe
i skrivaju se u jazbine svoje,
snažnog Brunde, kada brunda,
svi se jako boje.

HRČAK

Djevojčicama mojim
ostvario se san,
dobile su malog hrčka
za rođendan.

Dale su mu ime Čarli,
brzac mali tako su ga zvali.
Bježao je kud mu volja,
skrivao se i do potkrovlja.

Danju je čvrsto spavao,
a kako i neće,
kad taj brzac mali
cijelu noć točak okreće.

GUSKA

Jedna guska debela
gega se i skače
oprala je svoje
u jezeru gaće.

Podigla je glavu
i u nebo gleda
suši svoja krila
nikom prići ne da.

Samo gusak debeli
kad ga pozove k sebi.

SLONOVI

U potrazi za vodom
grupa slonova se kreće,
kilometre prelaze,
al' odustati neće.

Surlom mašu,
surlom njišu,
kud god prođu
prašinu dižu.

A kad rijeku pronađu
tuširanje slijedi,
surle pune, pa ih prazne,
a iz vode ne izlaze.

STONOGA

Naručila stonoga
pedeset pari cipela,
cipele su boje bijele
za svadbeno veselje.

Iz dana u dan
išla je kod šustera,
dok je sve isprobala
svadbu je odgodila.

KONJSKA VILA

Iz dubokog sna prenu me rzanje konja.
Što mu je u ovim noćnim satima,
pitam se i budim tatu...
Tješi me on i kaže:

"Ne brini, mirno spavaj,
možda i on nešto sanja!"
Pred očima mi slika
zelenih polja i žitnih njiva.
Njegova griva na suncu sja
dok galopira.

Žubor vode, nagli stoj
pijem ja, pijem on,
pogled svoj ne skida,
gleda me nježno crnim očima.

Grivu kvasim i mazim,
znam da to voli...
Tonem u dubok san,
dok potok žubori.

Zorom ranom tata zove:
"Požuri u štalu da vidiš
Zekanu od sinoć što je!"

Pletenice lijepe na grivi spletene.
Kad i tko ih je to spleo?
Gledam u tatu, a on mi veli:
"A 'ko drugi nego dobre vile,
sinoć su ga posjetile."

DIRI - DIRI - DIRI - DUUU

Postavio lovac
ispod lišća zamku,
sezona lova
treba krzna nova.

Šetkala se šumom
jedna mala lija,
upala u zamku
u pomoć doziva.

Šumom glasno odjekuje,
lija zove ne prestaje.
Uzbuna se u šumi digla
družinu okupila.

Diri-diri-diri-duuu
hitno žure po liju!
Sklanjaju se s puta svi,
brzoj, hitnoj družini.

Skupljena u zamci,
lija nogu liže,
odjekuje sirena
pomoć hitna stiže.

Šumom trči i ljuti pas,
al' stiže hitna u pravi čas.
Spašena je lija zagrlila vuka,
a on nju oko struka.

Diri-diri- diri-duuu,
spasili su liju!
Šumom slavlje odjekuje,
lovac bez krzna tuguje.

ŠUMSKA TAJNA

Na jednom brdu
iznad sela
šuma je bujna
i neobično zelena.

I druga se brda
iz mog sela vide,
al' nijedno kao ovo
takvo bilo nije.

Jaki krici i jauci
iz te šume su se čuli
plašila se djeca
plašili se ljudi.

Jedna stara žena,
travarka je bila
s koljena na koljeno
znanje naslijedila.

Govorila je svima,
-šuma nešto strašno skriva.-

Priča te žene
svidjela mi se nije
imala sam osjećaj
da nešto krije.

Skupila sam hrabrosti
i pratila nju,
kad je krišom išla u šumu.

Šetnjom kroz šumu
osjetila svježinu,
preporod tijela
uz prirodu živu.

Na izvoru hladnom
umila lice
od tog trena razumijela
govor životinja
i žubor vodice.

Od čudnog prizora
ostadoh bez riječi,
gledajuć životinje ranjene
kako miš liječi.

Obloge od gline stavlja,
po glini posuta ljekovita trava.
Pomoćno osoblje, ptice i lije
recept travarke više tajna nije.

Kazalo